Tant Qu'il te Reste

Des Choses à Dire

(Tu es Vivant)

Published by Evenly Blue Publishing House

Souvenirs...

Passage à Vide

Dis-moi ce qui ne va pas
Il y a dans tes yeux
Depuis un certain temps
Tout un monde de chagrin

Au fond de ton cœur
Depuis trop longtemps
Il n'y a pas la joie
La vie est là, mais la tienne se noie

Tu vois se lever le soleil
Tu te dis ça ira demain, peut-être
Ouvre grand les yeux
Rassasie-toi de sa lumière

Tu es l'architecte de ta vie
Peints des Etoiles dans ton ciel
Et la lune pour qu'elle te berce
De sa douceur, il fait bon de rêver

Il n'y a plus rien à regretter
Tout est fini depuis longtemps
La nuit est belle et le jour peut l'être
Tout autant, si tu ouvres grand les yeux

Reste-là

Sur le banc vide, mes souvenirs
Assis, fatigués, désemparés
Ils ont besoin d'une pause
Si tu viens t'y assoir

N'aies pas peur de les voir
Ils sont tristes, mais doux
S'ils te parlent, s'ils te racontent
De moi plein de choses

Pas besoin de répondre
Pas besoin de comprendre
Faut juste les entendre
C'est ma vie au passé

Tu comprendras ainsi
De moi tant de choses
Si de tant les écouter
Des larmes te montent aux yeux

Détourne d'eux, tes yeux
De peur qu'ils ne revivent
Le passé au présent
S'il te prend l'envie de rire

Faut surtout ne pas te retenir
Ils aiment bien les rires fous
Ne t'approche pas trop près
Ne reste pas trop longtemps

Ils risquent de s'attacher
Et de m'en créer encore plus
Mes souvenirs au passé
Je veux les garder

Préserver le présent
Et puis en profiter
Sur ce banc vide, laisses-les
Et quand tu t'en vas

Fais-leur un beau sourire
Même s'ils ne parlent plus de toi
Ils ne t'oublieront jamais plus

No Escape...

Au son de la musique du dehors
Ça bouge en dedans
Tout au fond de toi
Hier la musique était douce
Aujourd'hui c'est le chaos
Dans ta tête, la décadence
Dans ton cœur, l'orage
Dans tes yeux, l'effroi

Tu danses la musique de ta vie
Tu bouges selon le rythme
L'esprit confus par ce dédale
Des fois tu perds les pédales
Le fil de tes pensées et tout

Tu n'es pas meilleur ou pire que les autres
Tous les jours comme eux
Tu retiens là où tu peux
Et ajoutes quand tu n'as pas le choix
Pour mettre à jour ton compte
Rien ne déborde dans ta vie
Ni le taux, ni la joie
Ni la mélancolie

Tu danses la musique qui se joue
Cédant à l'emprise et aux caprices du temps
Il t'arrive certaines fois de jouer au malin
Comme si le temps n'avait pas de poids
Et que de ton sort tu étais le seul maitre…

Après la Tempête

J'ai jeté l'ancre
Sur une page blanche
Et mes mots me servent
De bouée, ils m'empêchent
De couler à fond
Sur la planche
De l'incertitude

J'ai jeté l'ancre
Sur une page blanche
Et mes mots me font
Sortir de moi
M'évader des heures
Pour oublier qui je suis
Et me redéfinir

Ne pas être le verbe
Qui se conjugue
A leur gré
Mais le sujet qui décide
De l'action, du nombre
Et du temps à s'accomplir

J'ai jeté de l'encre
Sur une page blanche
Mes mots jetés dans l'essaim
Pourtant me suivent partout
Ils se glissent sur moi
Et m'habillent de lumière
Quand vient le sale temps

Car il vient certains matins
Prendre de force ma porte
Pour jouer des tours, vilains
A mon cœur et à mes sens
Il vient me mener à contre-sens
Le mauvais temps

J'ai jeté de l'encre
Sur une page blanche
Mes mots m'entrainent vers la vague, dense
De la nuit morte
Tels des jours perdus
Dorment dans l'oubli

Et l'indifférence

J'ai jeté l'ancre
Sur une page blanche
Et mes mots fatigués de n'être
Que le fruit du hasard, un temps
Qui s'enfuit loin
Pour ne laisser de moi

Que quelques mots à l'encre
Qui s'effacent si bien
Qu'ils ne veulent rien dire
Qu'on ne peut rien en déduire
Et rien lire
Que le fait
Que quelqu'un a été un jour, ici

J'ai jeté l'ancre
Sur une page blanche
Donc je fus...
Et comme on le dit
Après la tempête
Vient toujours le calme
Et l'oubli...

Insomnie

Soudain la porte se referma
Et le silence tomba
Un silence accusateur
Qui dit : Tu aurais pu faire mieux

Un silence réparateur
Qui dit : maintenant repose toi
Demain viendra bien trop top
Et le prix à payer

Un silence complice
Qui dit : Tu as fait de ton mieux
A chaque jour suffit sa peine
Demain tout ira bien

Je ne sais de ces silences
Lequel dit la vérité
Ils se baladent dans ma tête
Ils se promènent en toute liberté

Et c'est comme çà
Tous les soirs
Des heures durant
Je reste là à écouter le silence 😕

Le Droit Chemin...

Dieu et les hommes
Les saints et les anges
Et même le diable
Ils ont tous une dent contre moi
Une dent qui ne peut guérir
Une dent qui ne peut s'extraire
Pour qu'ils ne me souffrent plus

Dieu et les hommes
Les saints et les anges
Et même le diable
Tous me prennent pour acquise
Sans explication, à leur cause, conquise
Sans me demander mon avis
Comme si je ne peux avoir ma propre opinion

Dieu et les hommes
Les saints et les anges
Et même le diable
Tous me prennent pour les siens
Comme si je suis un demi-dieu
Un homme comme les autres
Un ange du ciel, un saint dans leur sein
Et un démon comme le diable les aime

Mais je ne suis que moi
Pour m'avoir dans son coin
Il faut me prouver que ça vaut le coup
Et si un jour je dois choisir
Je suivrai toujours le chemin qui mène vers le bien

Elixir

Tu divagues
La galère traverse nos vies
Tout au long du chemin
La terre devient pesante
Très difficile à porter
Les pieds lourds, on avance

Que sais-tu
De notre traversée du désert
Chaque jour est plus dense
Et pénible est la danse

La danse des affamés
Des maltraités et des humiliés
Tu dis que ce n'est rien
La source tarit sous nos pas
On boit à petites gouttes nos sangs
Pour étancher notre soif

Le vent pousse nos voiles
Loin de notre horizon
Tu dis ça va bien
Que sais-tu de notre calvaire
De nos nuits de solitudes
De l'hiver qui brule nos pores

Les plus forts font la loi
Pour le pire du grand nombre
Tu nous dis que ça va aller
Demain ou après-demain

Tout ce qui ne marche pas
Chaque jour on s'enfonce
Mais pas vers le meilleur
Et ça on le sait bien

Tu dis : "N'importe quoi !

Tu vis
Comme un objet perdu
Dont on n'en veut plus
Tu te sens
Comme un chien abandonné,
Sous la pluie,
Trempé
Qui se cherche un abri

Tu vis
Comme une nuit
Pleine sans lune
Comme un pays
Sans dune
Tu vois ta vie
Tu voudrais
Comme un oiseau t'envoler

Tu rêves
Et quitter ces cieux
Mais tes ailes
Ne sont pas prêtent
A t'emporter
Loin au loin, pour t'éloigner
De ta réalité
Vers une vie nouvelle

Tu rêves
D'une main tendue
Pour te relever
Dans tes défaites
Tu souhaiterais juste
Un acte de tendresse
Pour te donner
L'espoir dans l'humanité

Tu vis
Comme un objet perdu
Tu rêves
Dans tes jours gris
D'un sourire pour redonner
Du bleu a ton ciel, dans ta détresse
Et d'un peu d'amour pour te montrer
Le chemin à suivre vers demain

Le Chagrin..

Ne le laisse pas t'attraper, le chagrin
Il se cherche un ami
Pour partager ses peines
La joie a essayé de lui tenir la main

Il ne sait pas sourire
Il ne sait pas non plus rire
Le chagrin se nourrit de soupirs
N'attends pas, continues d'avancer

Ne le laisse pas t'attraper
Le chagrin
Va plutôt vers l'autre
Il faut faire un petit pas

Deux ou trois pas de plus
Continue d'avancer
Pour enfin rencontrer,
Le bonheur

Un Instant

Nous avons tous en nous
Un grand chagrin
Qui s'en va et qui revient
Avec le temps

Nous avons tous en nous
De beaux souvenirs
Qui nous fait revivre un bon moment
On en redemande souvent, en vain

Nous avons tous en nous
Un grand regret
Comme un refrain on le revit
Il nous donne envie
De tout oublier des fois
Ou de tout recommencer

Nous avons tous en nous
Un enfant qui veut vivre
Qui nous supplie sans fin
De le laisser prendre les choses en main

On voudrait tant réconcilier
Le chagrin, la joie
Le regret et l'enfant
Mais en vain, ils ne veulent cohabiter

Qu'on soit dans un taudis
Ou dans un palais, vit
Il viendra un jour nous bercer
L'instant

Il faut donc prendre l'instant
Comme il vient
Et surtout se souvenir
Qu'il ne dure qu'un moment

L'instant

C’est Ma Prière

Je dis une prière
Que nul n'entende
Une poussière de peur
Que nul ne comprenne

Je dis une prière
Elle ne monte pas haut
N'arrive pas au ciel
Pas jusqu'à Dieu

Je dis une prière
Une très mélancolique
Pas très intéressante
Qui ne demande rien

Je dis une prière drôle
C'est un râle, une larme
Elle n'a pas de charme
Pour captiver les cœurs

Comme un bateau a la mer
Elle s'en va à la dérive
Le vent l'emporte ailleurs
Comme une vague à l'âme

Dans la vallée des pas perdus
Le jour se lève sur des rêves égarés
Qui de leurs pas effacent les traces
Que des gens sur les chemins ont semés

Et les routes comblées s'émeuvent
De tous ces songes, il faut nous soulager
Ils s'écrasent sur nous comme des fous
Se cherchant un abri pour la journée

Les rêves sont des poids lourds à porter
Leurs pieds impolis lancent des coups
Qu'ils versent sur nos voies sans issue
Si leurs traces se fanent, les souvenirs stagnent

Ils ne mènent pas très loin, nos pas
Ils tournent en rond comme les rêves
Et nous déposent là où tout a commencé
Les rêves au petit jour deviennent nos désarrois

Matin et soir on crie et on s'écrie
Malgré nos prières et nos pleurs
Avec le jour, nos cris et nos mots meurent
Dans le tourment des rêves on se noie

Connais-toi, toi-même

Tu te lis dans leurs yeux
Et tu crois te connaitre
Que soudain tu t'appelles
L'idiot, le sans-valeur et bon-a-rien
Ils te racontent des histoires
Et tu acceptes leurs dits
Soudain ton passé, ton présent devient
Et ton avenir, leur vil dessein
Prends un miroir
Et regardes-toi
Quand tu pleures, quand tu ris
Quand ça va, quand ça ne va pas
Et tu verras cet être fort
Cet humain plein d'humour
Qui sourit malgré et contre tout
Cette personne pleine de force de caractère
Cet être courageux
Qui s'est taille lui-même son chemin
En dépit de tout
Connais-toi et regarde juste devant toi
Ton avenir est là

Je Vis

Je ne m'inquiète pas
J'ai passé l'Age de me faire peur
Je ne crois au bonheur
Comme je crois au malheur
D'être dans ma vie
Qu'un voyageur

Je ne m'inquiète de rien
Comme je respire,
Je vis
Je retiens ce qui est sain
Au loin,
J'exhale le malsain

Je ne me fais plus peur
J'ai passé l'Age du tourment
Je sais depuis longtemps
L'amour ne se rime pas à toujours
Qu'il vient et qu'il s'en va
Et les blessures se ferment toutes, un jour

On n'attend que la nuit
Que le voile se déchire
Et entre ses dents
Que le ciel tient la lune
Prêt à nous l'offrir
Pour que règne la paix

On n'attend que la nuit
Ou les âmes endormies
Recevront un demain
Bien meilleur qu'hier
Un demain fier de l'être
Ou toi et moi aurons

Une place, même petite
On n'attend la nuit enfin
Que Venus fasse de nous
Des amoureux tendrement
Enlacés dans un lit
Que Jupiter nous protège

Des démons de minuit
Et cette nuit
Nous rêverons la vie
Nous ferons d'elle
Une nuit éternelle
Sans tricher, sans compromis

Seul un « Nous » à concevoir

Elle a dit
Que c'est le chant qui l'enchante
Que ça vient de l'hirondelle
De sa belle voix grave
Du vent qui murmure
En poursuivant sa route
Ou quand bredouille
L'humain rentre le soir
Fredonnant sans fin
Le refrain de la déroute
De n'avoir ce jour
Récolte que le doute

Elle a dit
Que c'est le chant qui l'enchante
Que le chant soit gai
Ou triste à mourir
S'il parle à son âme
Elle profite de l'instant
Qui lui laisse toujours
Un peu mélancolique

Elle a dit
Que c'est le chant qui l'enchante
Comme une folie qui s'entête
A lui crier sans cesse
La vie est faite de tout
De joie et de tristesse
Ce qui s'en va revient
Un jour, surement demain
Il faut surtout y croire
Ça donne un sens
Et du gout à la vie

……………………………………………………………………………………………

Ramona, ne cours pas

Le loup est dans les près
N'oublie pas petit enfant
De ne pas jouer aux fées
Dans la cour des grands

Ramona, tais-toi

Ne leur fait pas de leçon
Le prix à payer est trop fort
Tu n'as qu'à te taire
Et ils te foutront la paix

Ramona, s'il te plait

Fais semblant d'aimer
Leurs lois, leur foi et leur roi
Tous ceux qu''ils t'imposent
La terre ne tournc pas rond

Mais autour d'eux et pour eux

Tu n'es sur terre que de passage
Alors pas de mystère, sois sage
Beaucoup ont essayé avant toi
Mais en fait rien n'a changé

Ramona, n'oublie pas

Il meurt celui qui ne vit pas
Son amé s'envole lentement
La vie est un beau présent
Ne les laisse pas éteindre ton feu

Et encore
La vie est un rêve éphémère
Vis

~~~~~~
~~~~~~

''

Mona Lissa pleure
Il n'est pas heureux
Celui qui l'admire

De sa main il essuie
Les larmes coulent
Il essuie, il essuie

On lui cri très fort
Ne faut rien toucher, Mr.
Elle continue de pleurer

Rien n'arrête ses pleurs
Il ne sait quoi faire
Et sur ses joues a lui

De l'eau froide coule
Il pleure de la voir pleurer

Il essaie une fois encore
D'essuyer ses pleurs
On le jette dehors

Dans son sommeil
Plus tard il la voit
Tu ne sais pas, lui dit- elle
Ce que c'est d'être moi

Tous ces gens qui me regardent
Sans comprendre mon histoire

Revient me voir demain
Pleure un peu avec moi

Et demain il s'en va la voir
Elle pleure, il pleure
Soudain l'inondation

Le musée se noie
Mona Lissa est enfin libre

~~~~~~
~~~~~~

Mimer

………………………………………… Je me vois dans tous les regards
…………………………………………… Dans la peine et le sourire
…………………………………………… Qui règnent sur les visages

…………………………………… Qu'ils soient de tous premiers âges
………………………………………… Ou qu'ils aient les yeux hagards
………………………………………… Nos vies suivent les mêmes remous

……………………………………….. Je me retrouve dans la peur qui
……………………………………….. S'insère dans nos vies, a l'encart
……………………………………… Les émotions qui servent d'ancrage

……………………………………… Je me vois dans la misère du monde
…………………………………… Du premier cri jusqu'au dernier soupire
…………………………………... Mon cœur et mon corps, elle déchire

………………………………… Je me vois dans ceux qui croient en tout
…………………………………… Et ceux qui ne croient plus en rien
…………………………………… Les mêmes lois régissent nos vies

………………………………… Je me vois dans les corps en transe
………………………………… De bonheur ou de douleur immense
…………………………………… Car ce qui m'habite et m'anime, le sang

…………………………………… Du leur n'est pas diffèrent
…………………………………… Je ne suis que moi pourtant
……………………………………… Pareille et différente

L'Enjeu

Je joue aux jeux de la vie
Mais je ne sais pas l'enjeu
S'il faut la prendre au sérieux
Ou savourer chaque moment

Je joue aux jeux de la vie
Elle dicte les codes et fait la loi
Si ma barque je ne la conduis
Je ne peux être que perdant

Je joue aux jeux de la vie
Mon bonheur est en jeu
Je me perds souvent en chemin
La vie a remis mon sort au destin

Je joue aux jeux de la vie
Et je prie pour que le destin
Aie pitié de moi

Galère

J'ai peur de regarder le ciel
D''avoir un tête-à-tête
Avec les saints et les anges
Et si le bon Dieu me voit
Ce sera galère
Que lui dirai-je

Qu'ils sont fous ces hommes
Ne suis-je pas l'un d'eux
J'ai peur que bientôt
Il ne restera plus sur terre
Que le désespoir, si certains
S'acharnent à vivre malgré tout

J'ai peur de regarder le ciel
D'avoir un tête-à-tête
Avec les saints et les anges
Et si le bon Dieu me voit
Que puis-je lui dire
Que je m'en fous

De ce que font ces fous
Ces enfoirés qui se croient sages
Parce qu'ils sont les plus forts
Et qui nous forcent
A voir le monde avec leurs yeux
Si avides de sang et d'argent

J'ai peur de regarder le ciel
Si le bon Dieu me voit
Que vais-je lui dire
Que rien n'a plus d'importance sur terre
Que la vie est précieuse
Pas aux yeux des forts

Avec le pouvoir de leurs armes
Ils aiment voir les larmes
Et s'assurer que le faible est encore
Plus faible pour se sentir plus grand

J'ai peur de regarder le ciel
Mais si je vois le bon Dieu
Je lui demanderai qu'est-ce qu'il attend
Pour ramener la paix sur la terre
Et pour que d'autres se souviennent
Qu'ils ne sont que des hommes

Soul Searching

Sur le boulevard des sans-abris
Tout plein de ceux qu'ils appellent vices
Sévissent
La cigarette, l'alcool, la drogue et la prostitution
Cherchant l'oubli dans n'importe quoi
Ils se raccrochent à la vie

Sur le boulevard des sans-abris
La peur, la violence, et l'ennui vivent
Il n'y a pas que les "bon-a-rien"
Qui se retrouvent nus dans la rue
Il y a aussi des gens de bien
Qui perdent amplement de leur valeur
Parce qu'ils n'ont pas de sous

A chaque infraction ils s'enfoncent un peu plus dans le trou
Ceux qui n'ont pas le droit au pardon
Ceux que la chance dépose
Des gens parfois de grandes cultures et au grand cœur
Mais de ça on s'en fout

Sur le boulevard des sans-abris
Qu'ils y restent et en crèvent
On n'en a rien à foutre se disent
Les gens très riches
Et ce genre d'hommes crient très fort, après tout
Ils n'ont que ce qu'ils méritent

Comment Sauver L'Amour <<<<<<<<<<<<<<<<<<<<<<<<<<<<<<<<<<<<<<<<

L'amour ce soir est mort
Dans mes bras il s'est rendu
Pas le temps de dire au revoir
A tous ceux qui s'adorent
Et qui le veulent là toujours
Pour éclairer leur chemin

L'amour s'est couché hier soir
Pour ne plus voir un autre jour
Il voudrait être là toujours
Tout cravacher, L'amour a voulu
Pour garder en vie notre demain
Et rester là avec les amoureux

L'amour s'est vite décampé
De voir les gens malveillants
Penser qu'il est insignifiant
L'amour s'est découragé
De voir tant d'amants séparés
Tant d'amoureux déchirés

L'amour a essayé de se sauver
Pour survivre il a tout tenté
Mais il était si fatigué

Aussi il n'a pas su à temps voir
Toutes ces armes contre lui érigées
Il a tout fait pour ne pas mourir

Maintenant qu'il n'est plus
C'est à tous les amoureux
De sauvegarder son souvenir

<<<<<<<<<<<<<<<<<<<<<<<<<<<<<<<<<<<<<<<<<<<<<<<<<<<<<<<<<<<<<<<<<<<<<<

Illusion

Je t'aime, on se dit
Et c'est pour toujours
On se dit à demain
Ensemble on sera demain

Mais on sait en fait
Oui, on sait très bien
Que ce n'est pas vrai
C'est chacun pour soi

Chacun chez soi
Demain que finira l'histoire
Chacun demain de son côté
Pour recommencer

A se mentir, pour y croire
Pour faire croire
Que l'amour existe
Mais on sait que l'amour

N'est qu'illusion, et on se dit
Tout ce qu'on se dit
N'est qu'un grand désir
De le créer, de le rêver

Et pour un temps penser
Que l'amour existe
En nous, pour nous
Et qu'on peut le saisir

Le garder, le choyer
Pour qu'il ait envie de rester
Mais comme tous les rêves
Qui au petit jour s'achèvent

Il s'en va au petit matin
Sans dire au revoir

Mon Roméo

Tu étais Roméo
Moi je n'étais pas Juliette
Je t'ai vu partir le cœur défait
Mais je ne t'ai pas suivi dans la tombe

Tu étais Roméo
J'aurais bien aimé être Juliette
Mais je n'étais pas prête
A m'en aller et dire adieu à tout

Tu étais Roméo et un peu fou
Qui pour mon amour ferait tout
Tu aurais quitté tout et tout abandonné
Mais moi je n'étais pas Juliette

Tu étais Roméo
Moi, je n'étais pas Juliette
Pourtant je ne cesserai de t'aimer
Que lorsque je serai dans la tombe

Tu étais Roméo
Je n'étais pas Juliette
Parce que tu es parti contre ton gré
C'est pourquoi moi je suis restée

Tu étais mon Roméo
Pourtant jamais Juliette ne pourrait
Aimer son Roméo
Autant que moi je t'aimais

La Prière d'un Enfant /L'Autre "Nous Deux"

Dis
Papa, tu pries
J'entends des cris
Venir de ton lit
Dis
Ça va papa
J'entends tes cent pas
Bien au chaud en bas
Dis
Papa, tu pleures
J'entends de ces heurts
La tristesse fait chanter au cœur
Dis
Papa, il y a des heures
Que t'a quitté le bonheur
Et tu fais face à tes rancœurs
Dis
Papa, tu l'as aimée jusqu'au bout
C'est pour toi un grand coup
De la savoir toute seule dans ce trou
Tu sais
Papa, un jour tu la reverras
Et ce sera comme la première fois
Et vous ferez la fête ce jour-là
Oui
Papa n'oublie pas, moi
Que je suis encore là
Et je n'ai plus que toi
Tu sais
Papa, ma vie ne sera plus qu'une bataille
Au fond de moi c'est la pagaille
Je ne veux pas que tu t'en ailles
Oui
Papa, reste encore un tout petit peu
Le temps pour moi de grandir un coup
De pouvoir affronter de la vie, les feux
Dis
Papa, crois-tu toujours en eux ?
Ceux qui disent qu'à deux
On est moins malheureux
Oui
Sans elle, on ne sera pas trop heureux
Cette vie on peut l'affronter à deux
Même-si c'est un autre "nous deux"

La Mort

La mort assassine
On se tait
Cette fidèle ennemie
Elle nous poursuit

Dès le premier jour
Elle nous suit
Elle est là toujours

Elle prend tout
Peres et mères
Sœurs et frères
Maris, femmes, et enfants

Assassine et sans pitié
Elle nous regarde gémir
Et pleurer jusqu'au sang

Et goutte-à-goutte
Elle cueille nos pleurs
Notre sueur et notre sang
Et quand elle aura tout bu

Elle nous aura os et chaire
Sous la terre

C'était le lendemain du jour des morts
On était pourtant vivant
On respirait l'air frais
On mangeait et on faisait l'amour
Mais la mort nous a eus depuis bien longtemps

Certains l'ont rencontré sur les bancs d'une classe
D'autres sont allés la chercher à la guerre
Combien d'autres se sont laissés mourir à petit feu
Un jour, un petit peu
Et le jour d'après, beaucoup plus

Pour se réveiller tout-à-fait mort, un beau jour
Mais puisqu'on respire encore
Il faut faire semblant d'exister
Il faut bien mentir et faire semblant d'y croire
Que tout va bien et que demain sera meilleur

Mais en fait, on compte les jours pour rien
On s'éteint
Quand meurt l'innocence
Même si on dit toujours que demain...
Pour qu'il y ait des demains, il faut y croire

Et on n'y croit plus
On attend seulement que
Ceux qui y croient encore nous rejoignent un jour
Au royaume des morts vivants
Pour seulement leur dire : I told you so

Seul le silence...

Pas une note, une plainte n'a traversé la nuit
Pour troubler notre sommeil
Et pourtant ils ont crié
De douleur, ils ont hurlé
Quand la mort s'approcha d'eux

La mort s'est saisie d'eux
Où pouvaient-ils se refugier
Ils ont crié, pleuré, hurlé
Puis ils ont fait silence
Enfin, ils étaient libres

On se sent d'aise de l'autre côté
On n'a plus rien à se reprocher
De s'être tous tus.
Eux aussi ont fait silence
Sans déranger nos esprits
Sans réveiller notre conscience

Ils se sont tus...
Mais qu'auraient-ils pu dire
Qu'on ne savait déjà
Personne ne peut juger personne
Maintenant on peut continuer

A faire semblant que tout va bien
Que le monde est uni comme un
Que c'est pour l'autre, chacun vit
On peut sourire, danser de joie
Et faire plus tard un beau discours
Sur le prochain et sur l'amour

Et dire qu'on a tout essayé
C'est ça le prix d'or
Puis raconter l'histoire à nos enfants
Comme si c'était un conte de fées
On n'oserait dire qu'on en était témoin
Et qu'on n'a rien fait

Un jour le silence demandera des comptes
Il nous jugera au tribunal de la conscience
Mais ceux qui contrôlent l'avenir n'en ont pas
Ils diront que c'est chacun pour soi
Ce monde est foutu

****

Il ne voulait être roi
Prince ou Monseigneur
Il voulait seulement exister
Compter pour quelqu'un
Dans ce monde solitaire

Il ne voulait être riche
Avoir beaucoup de grandeurs
Être de ce monde possesseur
Il voulait juste un peu d'amour
Pour éclairer ses jours

Il a compris pour être
Il fallait surtout avoir
Et beaucoup il a eu
De ceux que les gens pensent
Sont de grande importance

Il voulait être aime à tout prix
Qu'il aurait tout donne à quelqu'un
Mais de lui personne n'a voulu
Il s'en est allé un beau matin
Sans un ami pour lui tenir la main

****

Il y a des maux et des mots
Il y a les maudits
Les mots dits
Et les maux qu'on ne dit pas
On les ressent tout simplement
Il y a les mots cachés
Et les maux cachés
Les maux derrière nos mots
Et il y a les mots qu'on a dans la tête
Qu'on ne dira jamais

****

Le Grand Voyage

Le père s'en va
Ouvre les fenêtres, va
Il s'en va faire un long voyage
Son fauteuil, ses lunettes, il a tout laissé
Ses journaux, son petit mouchoir brodé
Même le petit oiseau dans la cage

Le père était si gai, si sombre des fois
De ses hargnes on se souviendra
Fais taire les rires, le père s'en va
Mets les plus belles nappes, dansent
Des fleurs partout, chut
Ils aimaient tellement le silence

Sans dire un mot le père s'en va
Il a fermé les yeux
Il s'en va vers d'autres cieux
Le père ne s'en va plus rien ne va
Plus jamais il ne gueulera
Les enfants sont tous là
Ils pleurent, ils crient

Le père est parti
Il a eu son content de la vie
Silence, viens maman, chut
Le père est parti
Triste matin, chut

Triste Voyage

Tu pars dans la nuit
Tu prends n'importe quoi
Le bateau, la voiture ou le train
N'importe quoi
Pour juste t'enfuir
Loin de celui
Qui tu croyais, t'aimait tant

Bien loin de celui
Que toi tu as juré
D'aimer longtemps
Toujours
Tant que tu vivras
Mais la joie, l'amour
N'a pas duré longtemps

Tu te retrouves lasse
A l'impasse

Tu veux aller loin
Tu veux aller bien
Et tu laisses tout
Pour suivre cette route
Juste regarder devant toi
Tu pars recommencer ta vie

Tu penses
Faire un triste et long voyage
Tu penses encore à lui
Le couteau à la main
Il t'a couru après
Après avoir maintes fois
Attenté à ta vie

Cette fois tu dis
C'est bien fini

Tu jures que tu ne le savais pas
Tu jures que t'en as assez
Et tu jures que tu ne te laisseras
Plus, jamais prendre
Mais tu sais bien que si un jour
L'amour frappe à ta porte
Bien contre toi-même, tu ouvriras

Trouble

....

On ne sait jamais
Si les blessures s'ouvrent où se referment
Mais la vie continue malgré tout
Quand vient le jour

On ne sait jamais
S'il faut rester ou s'en aller
Ou recommencer contre tout
Quand la nuit se retire

On ne sait quoi faire
Quand vient le jour
Car la nuit toujours se fait complice
De nos ennuis, fait ses délices

Et au petit jour
On n'est pas mieux avancé
On reste là à se demander
Que faut-il faire d'aujourd'hui

Car d'hier reste le souvenir
Qui se balade en liberté
Comme un étau nous serre le cœur

On ne sait trop quoi faire quand vient le jour
Doit-on continuer malgré tout
Comme-si hier n'était qu'un mirage

....

Dans son regard
On voit la mère qui s'inquiète
Le père qui s'indigne
Le fils ne comprend plus rien
Aux tourments qui l'entourent

Ne devrait-on pas vivre en frères
A force de le répéter, enfant
Dans la prière de tous les jours
Il avait simplement cru
Que le monde était une grande famille

Dans son regard se reflète son amé
Les jours dessinent sur son visage
Chaque jour un peu plus
L'incompréhension
Dans ses yeux, les mêmes questions

Elles reviennent encore et encore
C'est quoi l'amour ? Ou est-il allé
Ne va-t-il jamais exister
Les mêmes qu'en grandissant
La mère ne pouvait expliquer

Comme son père
Sa bouche se déguise en un pli amer
Qui de près ressemble à un sourire
Tous le regardent en souriant
Eux aussi traverses par les mêmes mystères
De l'incompréhension et du désespoir

Et de plus en plus son sourire
Présente son vrai visage
C'est en fait une grimace
Un appel au secours
Que personne ne comprenne

****

Il y a longtemps que
Le ton ne fait plus la chanson
Il est place devant le nom
Mais n'est qu'un parfait étranger
Et on ne l'a jamais enlevé
Par habitude
Ou par lassitude

Il y a longtemps que
Le mon ne signifie plus rien
Il n'a rien qu'il peut prétendre être sien
Son "un et un" ne fait plus deux
Leurs vies sont allées à contre sens
Et chacun suivant le chemin oppose
Se souvenant vaguement du jour ou leurs routes se sont croisées

Il y a longtemps
Que sont partis les sentiments au loin
Pour se trouver des gens de bien
Des gens heureux pour se les approprier
Pour se revigorer et surtout revivre
Sur une rive faite pour eux
Sur une rive faite pour deux

Il est bien le temps de comprendre
Qu'il est mieux de rester dans son coin
Que de se faire foutre à sa place
Comme ça un beau jour pour avoir osé
Sortir de soi pour aller à la rencontre
De ceux qu'on a crus siens
Mais en fait ne nous étaient rien depuis longtemps

Il y a longtemps que
Le ton ne fait plus la chanson
Mais cela n'empêche à certains
De reprendre de temps en temps le refrain
Comme de vieux cons, comme des fous, vieux

****

….. Le Cri

Il y a des jours
Que t'en as envie
De le dire
De l'écrire
De le crier très fort
Mais tu te retiens
Tu penses à l'oubli
Et faussement tu te dis
Que cela va passer demain
Mais ça ne passe pas
Il te nargue, il est là
Le jour se lève, il est là
La nuit s'en va
Il reste là
C'est une blessure qui
De plus en plus s'élargit
Et il grandit
Là, tu as peur, tu cris
Mais t'as beau 'crié'
Arrêtez le massacre
Mais personne ne t''écoute
Et quand tu penses que
Tu cries très fort
Tu te rends compte que
Tu ne fais que murmurer

Le monde ne me parle plus
On n'a plus rien à se dire
Je connais toutes ses astuces
Il ne m'impressionne plus
Avec toutes ses histoires

Il m'a longtemps fait croire
Qu'il y avait quelque part
Des bons et des mauvais
Il n'y a pas de meilleurs,
Même pas dans nos rêves

Le monde ne me parle plus
Maintenant que je sais
On est tous partout pareil
Capable du meilleur ou du pire
Esclave de nos circonstances

Je n’en ai rien à foutre...

Ne me raconte pas ta vie
Combien en un mois tu as maigri
Comment tu as raté ta dernière diète
Ne me dit pas que t'en as marre
Que ton iPhone et ton iPod soient si puissants
Et que ton serveur est si lent
Tous ces trucs de riches égoïstes
Qui ne pensent qu'à eux-mêmes
A leurs grands et petits problèmes

Tu ne m'écoutes mêmes pas
Quand je te dis que j'ai faim
Que mon voisin est mort de froid
L'hiver dernier
Que faute d'argent
Mon cousin n'a pu envoyer ses enfants à l'école cette année

Tout ce dont tu penses
Pourquoi est-il mort de froid
Il se serait fait écraser par une voiture
On aurait pu se servir de ses organes
Et sauver des vies
Encore faudrait-il qu'il soit donneur

Quand il s'agit des tiens
La vie a de l'importance
Tous les autres peuvent aller voir ailleurs
Mourir d'une façon
Qu'on puisse en petits morceaux les découper
Pour sauver ceux qui en valent la peine

Mais tu ne jetteras pas dix sous dans un seau
Du pain dans une marmite d'eau
Pour sauver une vie
Oui tu as compris je ne suis pas donneur
Et je ne suis non plus pas flatteur

Tu es si pingre que même en ouvrant le bec
Tu ne laisseras tomber que de la bave
Puisque de mes problèmes tu t'encules
Ne m'accablement pas de tes ennuis
Les miens me suffisent.

Tant qu'il te reste des choses à dire

Tu as marché presque tous tes pas
Tes cents pas, tes pas perdus et retrouvés
Que ceux qu'ils te restent de pas
Tu les traines comme un précieux cadeau
Et des fois comme un lourd fardeau

Tu as mangé presque tous ce que te réclamait cette vie
Les avant-goûts, les sans-goût, le dégoût
Et même la misère quand elle se présentait
Que tu peux maintenant te contenter de gouter

Tes matins, tu les as presque tous bu
Les matins de miel et de fiel
Que plus rien ne peut t'émouvoir

Tu portes le sourire confiant
De celui qui sait qu'il va bientôt leur dire aurevoir
Mais qui rêve encore de demain chaque soir

On t'a toujours parlé d'amour
Mais l'amour tu ne l'as jamais connu
Que dans le lit d'un inconnu
Qui toujours se retirait au petit matin

Tu aurais tant aimé "aimer la vie'
Mais elle avait tous les jours ce gout de fiel

Tu parles beaucoup du matin au soir

Il te reste tant à dire
Tout ce que tu as gardé en toi pendant longtemps
Tout ce qu'il ne fallait pas dire
Tout ce que tu as su taire avant

Et c'est un fardeau
Que tu te dois de déposer
Avant de faire le grand voyage

Tant qu'il te reste des choses à dire...
Tu es vivant !

~~~~~~

Si tu rêves encore...

A quoi penses-tu quand tu fermes les yeux ?

A ces rêves fous qui refusent de mourir

Pour lesquels tu te bats encore avec passion

~~~~~~

A quoi penses-tu quand tu fermes les yeux ?

A ces violences contre lesquelles tu fais front

A tous ces combats qui te malmènent et te déchirent

~~~~~~~

A quoi penses-tu quand tu fermes les yeux ?

De ton envie de te battre et la peur qui te tenaille

Ces joutes qui te secouent et encore te travaillent

~~~~~~~~

De quoi rêves-tu quand tu t'endors la nuit ?

A ces amours enfuis dont tu n'as plus de souvenirs

Ou ces baisers volés qui n'ont plus de saveur

~~~~~~~

De quoi rêves-tu quand tu t'endors la nuit ?

A tout ce qu'il te reste d'espoir dans le cœur

Ou le désespoir qui massacre ta vigueur

~~~~~~~

De quoi rêves-tu quand tu t'endors la nuit ?

De ton désir malin d'au loin t'enfuir

De ton envie de vivre et ta crainte de vieillir

~~~~~~~~

Quand t'en as marre de tout, a qui te confies-tu ?

A tes amis d'autrefois, longtemps disparus

Ou l'ombre de ton ombre qui s'accroche à toi

~~~~~~~~~

Viens, dis-moi

Si tu rêves encore et de quoi...

Juste Un Rêve……………………………………………………………………………

Elle est allée au pays des rêves
Elle est allée faire un tour, une nuit
Et n'est jamais revenue, depuis

Peut-être, est-t-elle trop occupée
A faire vivre ses rêves...
Ou n'a-t-elle pas vu le jour, se lever

Elle est allée au pays des rêves
Elle manque à son quotidien, depuis

La musique ne s'est pas jouée
La maison ne s'est pas nettoyée
Tout est mal rangé, le jour s'ennui

Elle est allée au pays des rêves
Peut-être, qu'il dit, je l'aurais suivie

Si elle m'avait invité
Ou peut-être que je serai allé la retrouver
Si je savais où l'emmenaient ses rêves

Elle est allée au pays des rêves
Là, elle se sent bien

Elle ne s'inquiète pas de demain
La, chacun se tient la main
La vie est joie, le ciel est toujours beau

Au pays des rêves toutes les roses la font reine
Et la couvrent de leurs eaux
Elle est au pays des rêves

Et il la regarde sourire et elle vit...
Là, ou elle va sans lui chaque nuit
Alors il lui prépare au petit matin

Un beau petit déjeuner pour que le rêve revit
Pour que son sourire ne s'éteigne
Il rêve d'être un rêve

Il rêve chaque matin d'être le rêve du jour... ;)

Rêveur

Picasso m'a dit un jour,
Suis-moi,
Et un peintre je ferai de toi
J'ai suivi Picasso
Un jour, un mois, un an
Et pendant longtemps
Et peintre je ne suis toujours pas

A la lettre j'ai suivi Haendel,
Mozart et Chopin
Et je ne suis pas musicien

J'ai découvert Molière
Cervantès et Voltaire
Je suis loin d'être un écrivain

On m'a enseigné Dessalines
Napoléon et Périclès
Je ne connais rien à la guerre

J'ai étudié Einstein
Joseph et Mary Cluny
Et je suis restée pareil

J'ai entendu parler de
Charles De Gaules, Churchill
Et même Mr Kissinger
Et je ne suis toujours rien

J'ai marché dans le désert
J'ai couru sous la pluie
J'ai dansé sous le soleil
Et je n'ai rien trouvé

Fatiguée, a la nuit tombée
Chez-moi je suis rentrée
Je me suis couchée
Endormie
Et je me suis réveillée

Un Rêveur

Si tu passes par là et ne me vois pas
Saches qu'ici j'ai vécu
De beaux moments qui ne pouvaient
Durer éternellement

J'ai bu la joie de l'instant
Quand il s'amenait
Comme on ingurgite l'eau
Pour étancher la soif de vivre

J'ai pris certains moments
Avec dédain
Quand ils avaient un gout de fiel
Et avec joie d'autres fois

J'ai savouré son miel
Comme si la vie devait durer qu'un jour
Je me suis faite appeler Liberté
Comme si je pouvais changer le monde

Mais le monde n'a jamais su me retenir
Je lui ai toujours glissé entre les doigts
J'ai porté ses bleus pendant si longtemps
Que je me suis crue souvent "perdue"

Il ne m'était pas permis
De ne pas me battre
Mais gagner n'était pas non plus à l'ordre du jour
Il me fallait simplement **'VIVRE'**

Je fais voyager mes mots
Et de près je les suis
Pour voir s'ils font du bien aux gens
Où s'ils se foutent pas mal de mon message

Je fais voyager mes mots
Et je les suis de près
Pour voir s'ils font sourire les gens
Et s'ils les font aux autres s'ouvrir

Je laisse mes mots voyager
Mais je ne leur donne pas toute la liberté
Je ne les laisse pas dire tous ceux qu'ils veulent
Et si des fois ils m'échappent
Si le message se perd en chemin
Je m'en excuse, je les reprends
Et je les réarrange pour qu'ils reflètent mon âme
Qui ne pense qu'aux choses positives
Et qui essaie de toute ses forces de s'éloigner du mal

Je fais voyager mes mots
Pour qu'ils fassent du bien à ceux qui les entendre
Que mes mots soient soleil par temps de pluie
Et lumière pendant la nuit
Et que tous ceux qui l'entendent, trouvent
Une envie de vivre
Et surtout une envie d'être

…. Le temps s'en va
A la dérive
Et me jette
Sur les rives du destin
Je rame
Et je glisse
Sur les ailes du temps

Le temps s'en va
Languissant
Et me largue
Sur les plages du destin
Je nage
Et je plonge
Dans le lac du temps

Le temps s'en va
Vieillissant
Et me bascule
Loin de l'air du temps
Je cours
Et je m'essouffle
A traverser le temps

Le temps s'en va
A l'abandon
Et me lâche
Dans la mélodie du temps
Et je flotte
Et me libère
De l'étreinte du temps

Le temps s'en va
Déclinant
Et me voilà
Prise au piège du temps
Et je crie
Je tourne en rond
Sous l'emprise du temps

Poète

Dis tes vers
Comme une note de musique
Ne me regarde pas
La musique c'est la vie

Dis tes vers
Comme une prière
Ne me regarde pas
Je ne suis pas ton Dieu

Dis tes vers
Comme un message
Qui ne m'est pas destiné

Dis tes vers
Comme au théâtre
Ou je ne suis pas spectateur

Dis oui, dis non
Dis tout ce qu'on attend de toi
Et tout ce qui fait froid au dos
Dis, les mots qui font plaisir

Dis des mots
Qui enlèvent les plis soucieux
De ceux qui ont marre de vivre

Dis tout ce qui ne plait pas
Les mots qui ne font pas rire
Quand les malins pensent
Qu'ils t'ont dans leur poche

Sors tes griffes et bats- toi
Dis, tu arrives
Dis, tu t'en vas
C'est ta mission, remplie- la

Les mots que t'inventent
Même dans ta tète
Ne t'appartiennent pas

Dis tout
Fais comme si tu ne me voyais pas
Car je suis la
Mais pas pour toi

Tu es la
Mais pas pour moi
Comme l'hiver et l'été
On ne se ressemble pas

Comme la vie et la mort
Le bien et le mal
Nos missions divergent

Tu ris quand je pleure
Tu pleures quand je ris
On est si différent

La vie nous a tellement séparés
Que même l'amour
Ne peut pas nous unir

One Love

Il n'y a qu'un genre humain
Malgré les couleurs
On a tous un cœur
Qui aime, qui déteste
Et qui des fois ne comprend pas

Il n'y a qu'un genre humain
On respire tous le même air
Qu'on soit noir ou blanc
Et quand on se blesse
C'est du rouge qu'on pisse

Il n'y a qu'un genre humain
Qu'on soit riche ou pauvre
Qu'on soit homme ou femme
On mange pour vivre

Il n'y a qu'un genre humain
Qu'on sourit, qu'on pleure
On se croit le meilleur
Un beau jour on s'en va

Il n'y a qu'un genre humain
Qu'on soit petit, qu'on soit grand
On ne vit qu'une fois
Mais souvent on l'oublie

J'ai beau pardonner
Mais je n'oublie rien
Cent ans et un jour
Ça revient

Et je ressasse vos erreurs
Encore et toujours
Il n'y a rien à faire
Je ne peux m'en défaire

Je n'oublie rien
J'essaie, j'essaie
J'ai beau essayer
Ça revient toujours

Et pas avec le sourire
Je sais, je sais, je vous fais peur
C'est un bien vilain défaut
Mais il faut bien le dire

Je suis rancunière comme cent

J'aime beaucoup m'évader
Me quitter, m'envoler
Pour ne plus me voir, moi
Pendant un certain temps

J'aime bien prendre la voie
Qui m'emmène loin de moi
Un instant ou très longtemps
Ne plus penser à moi

J'aime aller dans la nuit
Rêver jusqu'au p'tit jour
Et me souvenir au réveil
De la nuit et de ses conseils

****

Le vent a repris sa route
Et s'en vont les rumeurs
Qu'il murmurait à toute heure

Le vent a repris sa route
Je n'ai besoin que de joie
Dans ma vie, pas de toi

Le vent me dit que ça va
Que le soleil se fait roi
Pour réchauffer ma vie

Et le bonheur est garanti
Il n'y a pas à en redire
Il viendra habiter ma vie

Un matin avec un sourire
Si beau que la nuit s'en ira
Pour faire place au bonheur
Ce que m'a dit le vent en sifflant

****

Avant c'était l'univers mon horizon
Maintenant je ne vois que de l'aversion
Aux quatre points cardinaux
Que je n'ose regarder n'importe où

Je laisse mon regard errer qu'au plafond
Voyager sur les murs pour s'arrêter là
Ou personne ne vit

Je me dis
Si je ne sème rien
Ni sentiments, ni émotions
Si je reste sage dans mon coin

Tout ira bien
Pas de faux-semblant
Mais seule dans mon coin

Rien ne va,
Me scindent des sentiments et émotions
Et je récolte tout autant
Ce que je n'ai pas semé

Moi
Je me suis réveillée ce matin
Sous un ciel en rage
La pluie chantait le carnage
Et le tonnerre comme un fou grondait

Ils chantaient d'un lointain âge les louanges
Et venant de très loin la voix d'un ange
Qui me disait tout bas
Réveille-toi

Il y a longtemps que tu es
Maintenant tu dois naitre
Naitre à la vie
Naitre à ton destin

Et être celle que tu dois être
Je ne comprenais pas bien ce langage
C'était comme si je rêvais
Je savais pourtant que je ne dormais pas

Je me suis levée, j'ai marché jusqu'à la fenêtre
Et là je voyais passer mes moi(s)

Le moi que ma mère voulait
Le moi dont mon père rêvait
Le moi de mes sœurs et frères

Le moi de mes amis
Le moi de mes ennemis
Le moi que les hommes voient en moi

Et moi à la fenêtre
Un peu triste je regardais partir toutes les moi(s)
Que j'ai cru étaient moi

Et à chaque moi qui s'en allait

Je me suis sentie plus légère
Comme-si je perdais du poids

'Il est temps pour toi
D'être toi' m'a dit la voix du sage
Et non cet article indéfini
Que chacun à sa manière définit

Il est temps d'être le toi dont tu as besoin
Le toi dont tu as la passion
Le toi qui toujours te souriras

Le toi qui comprendras
Tes peines, tes joies
Tes espoirs et tes rêves

Le toi que tu veux être
Le toi que tu as toujours rêvé d'être
Et plus la voix parlait
Plus je me sentais élancée

Ainsi s'en allaient mes visages
Ainsi tomba le mirage
Qui longtemps m'a tenue en cage

Et je suis devenue
Tout simplement 'Moi'
Le moi redéfini
Le moi bien défini

Que nul ne pourra plus jamais altérer

Quand la lumière de fin de vie t'éclaire
Et que s'étale devant toi
Tout ton monde d'erreurs
Tu aimerais en un mot prononce
Réparer tout le mal que tu as fait

Tu voudrais faire un saut au passé
Pour détruire tous les morceaux malheureux
Mais le passé est écrit à l'encre indélébile
Pas d'actions et aucun homme ne l'effacent
Tu regardes étonner l'étendue des dégâts

J'ai été aveugle, tu te dis
Mais tu savais que ta façon d'agir
Te ferait un jour compter les blesses
Tu ne voulais rien voir
Ne pensant qu'à toi et au bonheur du moment

Quand tu les regardes et dans leurs yeux
Tu vois passer tes blessures
Cachées depuis longtemps
Tout au fond de leurs cœurs
Comme les astres dans la voie lactée

Soudain comme l'éclaire te vient l'évidence
Que le passé n'est pas un rêve bleu
Dont on se souvient un peu
Quand on s'ennuie
Mais une partie de soi

Le passé nous façonne
Il nous définit et nous redéfinit
Il nous suit jusqu'au bout du chemin
Tu as beau dire : "Pardon, je suis désole
Rien ne change le ‘passé’ au présent

Qu'importe si le soleil s'enfuit avec le jour
Tant qu'il nous reste la lune
On vivra du ciel bleu
Et de l'eau de roses
Rien que toi pour moi
Et moi pour toi

Qu'importe si la fortune nous renie
Et qu'il n'y aurait qu'un toit
Si petit qu'il soit...
Pour toi et moi
On vivra de l'amour
Dans nos yeux
La nuit sous la lune

Qu'importe si tout le monde
Pense que l'on est immonde
Sous la douce mélodie du vent
Dans la nuit profonde
On ne vivra que de nous deux
Pour nous deux

Qu'importe si la vie nous renie
Nous irons dans l'eau delà
Derrière la nuit, derrière la vie
Suivre la voix, car la voix est là
Elle fait corps à la mélodie
Pour nous guider vers la voie

Haïti, Mon Amour

Sérénade à mon âme
Et à tous ceux qui sont tombés le 12 Janvier 2010

A tous ceux qui sont tombés ce jour-là
Les sans noms, les inconnus
Et les biens connus

A tous ceux qui n'auront pas dix-sept ans
Ceux qui ne verront pas leurs seize ans
Et ceux qui ne verront plus jamais rien

A tous ceux tombés sans y avoir pensé
Ceux qui l'ont vu arriver
Mais ne pouvaient pas l'échapper

A ceux qui ont pleuré
Et ceux qui n'en ont pas eu le temps
Aujourd'hui pour vous je verse un peu de mes larmes

A toutes les mamans qui ont perdu leurs enfants
Aux enfants qui ont perdu leurs parents, maintenant
Seuls sur terre à pousser leurs canoës

A ceux qui étaient mes amis
Et ceux que jamais je ne connaitrai
A ceux qui ont eu tellement peur

Et ceux qui sont restés fort jusqu' à la fin
A ceux qui n'ont pas eu le temps de dire « Je le regrette »
Et ceux qui jusqu'au bout ne l'ont pas regretté
Pour vous je pleure aujourd'hui

A tous ceux d'entre vous qui m'ont aimée
Ceux qui m'ont mal aimée

Et à ceux qui m'ont tout simplement haï
Je verse pour vous un peu de mes larmes

A ceux d'entre vous que j'ai aimés
Ceux que j'ai mal-aimés
Et ceux que je n'ai jamais compris
Pour vous mes larmes coulent aujourd'hui

Pour tous ceux qui ont laissé passer leur chance
Ceux qui d'entre eux n'ont jamais eu de la chance
Ceux que la vie jusqu'à ce jour-là a malmenés
Je verse pour vous un peu de mes larmes

A tous ceux qui s'aimaient
Et d'autres qui se détestaient
A vous tous mes frères tombés, des centaines de milliers
Je verse pour vous un peu de mes larmes

A vous que la terre ce jour-là nous a volé
Alors qu'on ne s'y attendait pas
Et à moi restée là, à revivre tout ça
Mes larmes à flot coulent aujourd'hui

Je verse des larmes de tristesse, d'angoisse,
Des larmes de chagrin, inquiétude
De lassitude, de désolation et de deuil
Mes larmes à flot couleront toujours

About Nirva Mas

Née bilingue, elle a eu une histoire d'amour avec les mots et les langues depuis son enfance. Son amour des langues a grandi au fil des années et a fait d'elle une polyglotte. Après avoir passé une décennie à travailler comme journaliste, maintenant elle met ses compétences linguistiques au service des autres moyennant des frais, juste pour dire qu'elle est une traductrice professionnelle. Elle est propriétaire de deux petites entreprises : "RentMyPens/UseMyWords' a service de traduction de document officiels et Evenly Blue Jewelry and Publishing House. Elle est aussi passionnée par l'art, la cuisine, la danse et elle est folle d'arts

Autres livres publiés par **Nirva Mas**

Between Two Worlds/ Entre Deux Mondes (livre papier Poetry)

Deep in The Middle and Close to My Heart (livre papier pour enfant)

Life After Death, The Crossing (eBook et Livre papier)

A lonely Road (eBook et livre papier, Poetry)

Pour me contacter

Merci d'avoir donné une chance à mon livre ; voici mes coordonnées des médias sociaux.

Nirva Mas, Author

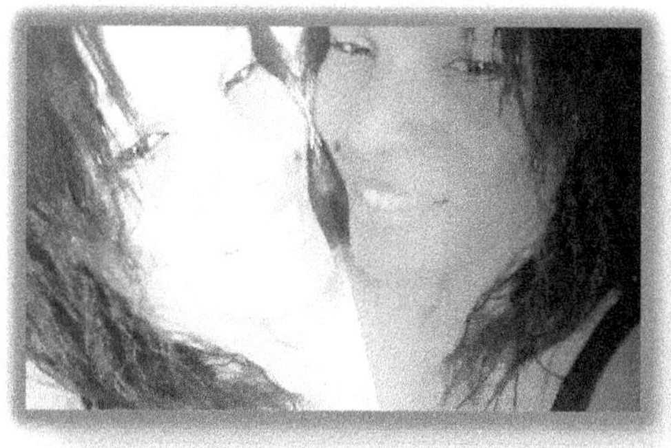

Email me at nirvamas@gmail.com

Ajoutez-moi en ami sur Facebook https://www.facebook.com/nirvam1

Suivez-moi sur Twitter https://twitter.com/mas_nirva

Abonnez-vous à mon blog https://StepToConfidence.wordpress.com

Aimez ma page d'auteur sur Smashwords

https://www.smashwords.com/profile/view/EvenlyBlue

Suivez-moi ma page d'auteur sur Amazon amazon.com/author/nirvamas

www.ingramcontent.com/pod-product-compliance
Lightning Source LLC
LaVergne TN
LVHW010544100826
845148LV00013B/2603
* 9 7 8 1 7 3 2 5 6 0 3 9 0 *